# LES
# CATACOMBES DE ROME
## EN 1858

PAR

CHARLES LENORMANT

Extrait du CORRESPONDANT.

PARIS
CHARLES DOUNIOL, LIBRAIRE-ÉDITEUR
29, RUE DE TOURNON 29.

1859

PARIS. — IMP. SIMON RAÇON ET COMP., RUE D'ERFURTH, 1.

# LES CATACOMBES DE ROME EN 1858

## I

En retournant à Rome, après de longues années, je ne pensais pas seulement à mettre mon expérience au service de mon jeune compagnon de voyage; j'avais aussi plus d'un motif personnel pour revoir encore ces lieux à jamais célèbres. Parmi les objets de ma curiosité se plaçaient au premier rang les nouvelles explorations des catacombes. Attentif à tout ce qu'on avait publié sur ce sujet dans le cours des vingt-cinq dernières années, je ressentais cette impatience qu'éprouvent surtout les personnes qui ont voyagé, de pouvoir enfin vérifier moi-même tous les récits, toutes les descriptions qui venaient d'exciter de nouveau en faveur de la *Rome souterraine* l'attention du monde chrétien et du monde savant. L'absence de ce contrôle personnel avait laissé dans mes études une fâcheuse lacune, et j'espérais bien ne pas quitter la scène de ce monde sans m'être remis une dernière fois à l'école, sous la direction des érudits auxquels revient l'honneur d'avoir réveillé le goût des antiquités chrétiennes.

Au premier abord, on aurait peine à comprendre qu'un séjour prolongé dans Rome pendant les plus belles années de ma jeunesse m'eût laissé aussi dépourvu à l'égard de cette branche de l'archéologie. La vérité est que je n'aurais pas demandé mieux, dès 1824, que de m'engager sur la trace des Bosio et des Boldetti, mais le moyen de le faire m'avait manqué. Malgré mon désir de visiter les catacombes, toutes mes tentatives d'alors furent infructueuses. A Sainte-Agnès, à Saint-Laurent-hors-les-murs, on me fit regarder à travers une grille, dans un trou sombre, et l'on me dit que c'était par là que s'étendaient les sépultures des premiers chrétiens. A Saint-Sébastien, ce fut pis encore, s'il est possible. Jamais je ne pus trouver un gardien qui consentît à me conduire dans le petit nombre de galeries et de chambres dont l'accès n'était pas interdit à cette époque. Il aurait fallu des protections, une permission particulière. Les jeunes gens, artistes ou autres, qui voyagent en Italie sans se recommander d'autre chose que de leur bonne volonté, connaissent par expérience les déboires qu'on y éprouve à chaque instant.

En 1841, la Rome souterraine n'était pas l'objet de la même indifférence : déjà les explorations du vénérable P. Marchi avaient jeté un grand éclat. Mais j'arrivais au mois d'août, dans la saison de l'année où personne n'ose s'exposer, en descendant sous terre, aux variations de la température. Le P. Marchi se recommandait à ma sympathie scientifique, tout autant par ses recherches sur la numismatique primitive du Latium que par ses explorations des catacombes. Je vis avec admiration au Collége Romain la collection de l'*Æs grave*, et je dus remettre à une occasion plus favorable la visite des antiques cimetières.

L'attente avait donc été longue, mais j'arrivais au bon moment. Confident de l'émotion qu'avait causée à mes meilleurs amis, aux personnes dont le jugement m'inspire le plus de confiance, les découvertes des dernières années, et trouvant dans les ouvrages des artistes comme dans les récits des voyageurs chrétiens la trace de l'impression profonde et générale que ces découvertes avaient produite, mon désir s'augmentait de la conviction où j'étais d'avance que je trouverais sur les lieux une impulsion plus vive et plus sûre que jamais, et de l'espérance de m'y associer au moins pour quelques instants. Peu de jours après avoir touché le vieux sol classique et chrétien, je reçus de la bouche la plus auguste et la plus vénérée le témoignage de l'intérêt que la pensée du souverain prend à ces recherches. Tout ce que je recueillis dans le petit nombre d'explorations qu'il me fut permis de faire me confirma dans l'opinion que Pie IX est le véritable inspirateur du mouvement actuel, et qu'à la préservation des jours du saint pontife s'attache en grande partie la certitude du progrès dans la voie où l'on est entré.

Je me disais alors : Que Dieu veille sur l'existence de Pie IX ! que Dieu écarte en sa faveur la mystérieuse menace suspendue sur la tête de tous les pontifes : *Non videbis annos Petri!* Il ne faut pas moins d'un quart de siècle de prospérité et de paix pour que la constatation régulière et méthodique des cimetières chrétiens, à peine ébauchée aujourd'hui, soit parvenue, non pas à son terme, la tâche est trop vaste, mais au moins à un degré tel, que les principaux problèmes soient résolus. Déjà Pie IX, en rétablissant le bon ordre dans les finances de l'État romain et en rouvrant les sources de la richesse publique, s'est assuré la possibilité de détourner sans scrupule quelques épargnes en faveur des recherches d'antiquité chrétienne. Sous la main du vicaire de Jésus-Christ, le miracle de la multiplication des pains s'est en quelque sorte renouvelé. On ne comprend pas qu'au moyen de ressources aussi limitées il ait été possible de changer avec autant de bonheur et de promptitude la face de la science. Que le calme se maintienne, que la prospérité s'affermisse, et les sacrifices que fait déjà le pontife s'accroîtront encore. Qui sait même s'il ne serait pas possible de lui venir en aide pour l'accomplissement d'une tâche dont l'intérêt est aussi général? A voir avec quelle sympathie les chrétiens de toutes les nations, sans distinction de communion ou d'obédience, suivent dans les souterrains de la Rome primitive les exégètes qui, par leurs travaux, ont conquis l'enviable privilége de nous initier aux résultats de ces belles explorations, on n'a pas de peine à s'apercevoir qu'un appel fait au concours de tout le monde civilisé serait accueilli avec une faveur universelle. Ces contributions volontaires permettraient enfin de multiplier les travailleurs, et de hâter d'infaillibles conquêtes. — Et je m'entretenais de ces projets de souscription avec mon excellent guide, M. le chevalier J. B. De'Rossi, le savant dont le nom est dans la bouche de toutes les personnes qui ont eu le bonheur de visiter Rome et les catacombes dans le cours des dernières années.

Parmi les moyens que nous imaginions pour amener à bien un tel projet, la publicité tenait, comme de raison, une grande place; afin d'y contribuer selon mes forces, je m'étais dès lors engagé à profiter de la notoriété de ce Recueil pour propager la connaissance des hautes espérances que le souverain pontife fonde sur l'exploration en grand des catacombes, confirmant par un genre nouveau de persuasion les merveilleux retours au catholicisme dont notre siècle est témoin. Pour exciter l'attention et toucher les cœurs, je n'avais qu'à rendre compte, très-simplement et comme un disciple fidèle, de mes propres impressions, après qu'on eût mis dans mes mains le flambeau d'une science plus étendue et plus sûre que celle qui, jusqu'à présent, avait présidé à ces recherches. Mais, lorsque je m'apprête à dégager ma promesse, puis-je m'en tenir à mes premiers vœux? dois-je me contenter de répéter en faveur de Pie IX l'acclamation qui accompagne le sacre des évêques : *ad multos annos!* le trouble de la situation présente ne descend-il pas jusque dans les galeries où dorment les premiers chrétiens? la rumeur du dehors ne semble-t-elle pas déjà arrêter la main du *fossor* moderne, et lui dire, comme au *fossor* des anciens jours, que la paix de l'Église est menacée? Je sors à peine moi-même des oratoires où se rassemblaient nos pères dans la foi, et la lueur sinistre du désordre semble, pendant mon absence, s'être étendue sur l'horizon. Aussi est-ce en vain que je chercherais à m'isoler des pensées qui assiégent tous les esprits; il me faut au moins montrer quelques-uns des rapports qui unissent la *Rome souterraine* à la Rome militante. L'autorité, même temporelle, du saint-siége a ses racines dans les monuments des antiques persécutions.

## II

Depuis que nous nous sommes vus lancés dans l'arène des agitations révolutionnaires, nous n'avons procédé que par idées générales. Les théories absolues avaient contribué aux premières catastrophes; ces catastrophes ne nous ont pas guéris de l'illusion philosophique, et, à présent encore, nous ne voudrions appliquer à tous les peuples qu'une règle et qu'un compas. C'est à peine si les meilleurs catholiques se rendent un compte exact de la nécessité, pour l'indépendance du pouvoir spirituel, d'une souveraineté temporelle fondée sur une exception. La conscience nous pousse à reconnaître cette nécessité; le raisonnement nous en éloigne. On l'a bien vu récemment au bruit qui s'est fait autour d'une affaire de mince importance et au trouble que cette affaire a jeté dans quelques-uns des cœurs les plus fidèles. N'allait-on pas, entre les plus sincères enfants de l'Église, jusqu'à se demander si une souveraineté fondée sur la religion est compatible avec les principes qui prévalent dans la société moderne? Peut-être ceux mêmes qui promenaient ainsi par avance sur l'État romain l'inflexible niveau de la théorie sortaient-ils comme moi des catacombes; peut-être leur émotion y avait-elle été aussi vive que la mienne.

La souveraineté temporelle du saint-siège est non-seulement la plus ancienne, mais la plus légitime de toutes celles qui subsistent aujourd'hui; elle est la garantie et la sauvegarde des autres, même de celles qui la méconnaissent et qui l'outragent. Si les chrétiens de Rome n'eussent, pendant trois siècles de persécution, scellé de leur sang la proclamation de l'Évangile, le dogme de la suprématie politique en matière de religion eût perpétué la servitude de notre espèce. Il y eut des martyrs par tout le monde; mais nulle part la protestation de la conscience chrétienne n'a été plus générale et plus constante qu'à Rome. Quand la terre catholique, abreuvée par le sang des chrétiens, eut enfin porté sa moisson, quand le souverain pontife de la religion d'État eut lui-même courbé le genou devant le représentant de l'autorité spirituelle fondée par Jésus-Christ, l'abandon que Constantin fit de Rome au chef de la religion triomphante transforma l'ancienne capitale des Césars en une citadelle où l'indépendance chrétienne, toujours attaquée, mais survivant toujours aux attaques, n'a cessé de chercher son refuge. La théorie s'efforce en vain de tout niveler, les événements consacrent les lieux, et les principes se localisent tout autant qu'ils se personnifient.

Pour les dangers qui résultent des complications de la société moderne, il faut donc au pape une large garantie de puissance civile. Les

Grecs n'avaient pas circonscrit la trêve perpétuelle d... ...ssait Olympie au territoire où s'accomplissaient les jeux sacrés ; ils l'avaient prudemment étendue à la province entière de l'Élide. Quand il s'agit d'une indépendance digne d'un bien autre respect, puisqu'elle a pour base la vérité de l'Évangile, faudrait-il réduire la terre sacrée à des proportions dérisoires ? Soit que la prévoyance d'un grand homme y ait eu part, soit que la Providence elle-même ait fait concourir au résultat le plus désirable les hasards apparents de l'histoire, l'État pontifical s'est trouvé compris dans des limites dont la proportion exacte a droit d'exciter notre admiration : ni assez étendues pour atteindre aux dimensions d'un empire redoutable, ni trop étroites pour qu'il manque quelque chose à la dignité du souverain. Dès qu'on rend hommage au principe de salut qui réside dans l'indépendance de l'Église, il faut reconnaître l'impossibilité de maintenir une société régulière, bienfaisante et même progressive entre les hommes, sans l'action directe ou indirecte d'un pouvoir spirituel qui ne dépende en rien des hasards de la guerre, des appétits ou des empiétements de l'ambition. C'est ce qui met, malgré les répugnances et les objections de détail, l'autorité temporelle du pape sous la sauvegarde de toutes les opinions sainement religieuses.

Est-ce à dire qu'il n'y ait rien à faire pour que la souveraineté d'un prêtre n'offre pas un contraste trop marqué avec les allures de la société moderne, pour que les sujets du pape ne restent pas, malgré leur condition exceptionnelle, indéfiniment privés de certains avantages, de certaines conquêtes qui forment le beau côté de cette société, de certaines améliorations dont il serait souverainement injuste et imprudent de contester le bienfait ? Ah ! c'est ici que je voudrais qu'on pût descendre dans le cœur de Pie IX. Quel pontife s'est montré plus pénétré de la nécessité de ces changements ? quel autre y a plus résolûment travaillé, tant que par un crime inouï on n'avait pas brisé dans ses mains l'instrument dont il voulait faire usage ? Veut-on que les changements que projetait Pie IX, et que l'assassinat de Rossi l'a empêché d'accomplir, se produisent avec cette rapidité qui, pour l'impatience française, est la condition du succès : qu'au lieu de porter atteinte à l'indépendance de Pie IX on travaille sincèrement à l'augmenter. Alors ce que le pontife est aujourd'hui contraint de renfermer dans le cercle de ses espérances, ce qu'il n'opère, sans pourtant s'arrêter jamais, qu'avec une pénible lenteur et au milieu d'obstacles incessants, portera bientôt des fruits capables d'étonner le monde et de désespérer les ennemis de la religion.

Mais, de même que le savant qui poursuit une découverte et qui ne se sent plus séparé de la solution d'un problème par des difficultés insurmontables, entend malgré lui les rumeurs de la guerre pénétrer dans son cabinet, et prête l'oreille à ses menaces, de même la crainte de ne pas voir s'achever paisiblement la grande affaire de l'exploration des catacombes, sous l'influence d'un pontife assez saint et assez éclairé pour embrasser à la fois l'aspect chrétien et l'aspect scientifique de la question, m'a conduit de réflexion en réflexion à empiéter sur le domaine de la politique active. Je ne veux pourtant pas entreprendre l'histoire de Pie IX. D'autres diront ce que j'ai vu et rendront pleine justice à un gouvernement dans lequel un discernement supérieur s'allie à une droiture et à une mansuétude inébranlables. Mais qui sait ? peut-être, en me renfermant dans le sujet de pure archéologie que j'ai dû choisir, fournirai-je un exemple éclatant de ce qu'offrent de saintement novateur l'action et l'influence de Pie IX. Depuis mon retour, j'ai sur les lèvres un mot que, sans les circonstances présentes, je n'aurais peut-être pas osé prononcer : Pie IX, élu pour agir, dans ce qui n'est pas immuable, autrement que Grégoire XVI, a maintenu avec autant de fermeté que de douceur, *suaviter et fortiter*, la contre-partie du dernier pontificat. Il n'a rien fait pour affaiblir le respect dû aux vertus de Grégoire XVI ; il a tout fait d'abord, et il continue de tout faire pour redresser le gouvernement intérieur et la politique de l'État pontifical. Redescendons aux catacombes : la grande pensée de réforme intérieure qui anime Pie IX nous y suivra sans doute. Quand nous en aurons reconnu les effets, nous apprendrons à juger du reste.

### III

L'histoire de l'exploration des catacombes dans les temps modernes offre des singularités et des contrastes auxquels il semble qu'on ne devrait pas s'attendre. C'est un trésor d'un tel prix pour l'Église romaine qu'on ne croirait pas possible qu'il eût été méconnu un seul moment. Les antiquités chrétiennes, il est vrai, ont été longtemps négligées pour celles du paganisme ; mais les voyageurs qu'une pensée religieuse amène à Rome n'ont jamais été moins nombreux que ceux qu'y attire l'amour des arts ou de la science, et le désir de satisfaire et d'accroître la piété des pèlerins aurait dû suffire pour préserver de l'oubli les monuments authentiques des premiers siècles de l'Église. Il serait injuste d'ailleurs de prétendre qu'à Rome l'histoire religieuse ait jamais manqué de travailleurs d'un dévouement et d'une érudition incontestables. Malgré cela, nous ne trouvons pas qu'avant le pontificat de Grégoire XIII, dans la dernière moitié du seizième siècle (1572-1585), personne se soit dévoué à retrouver méthodiquement la trace des anciens cimetières. Alors surgit un homme dont le courage et la persévérance ne seront jamais assez loués : c'était Antoine Bosio, agent de l'ordre de Malte, à qui nous devons la *Roma sotterranea*. Cet ouvrage, qui ne parut qu'après la mort de l'auteur, contient le résultat de ses trente-cinq ans de fouilles et de travaux dans l'intérieur des catacombes. Aujourd'hui qu'on recommence à suivre sa trace, on dirait qu'il vient à peine de quitter le théâtre de ses recherches favorites : son nom, écrit sur les parois pour ainsi dire à chaque pas, ne cesse de nous entretenir de lui. Sans doute des inscriptions aussi fréquentes l'aidaient à se retrouver dans le dédale des galeries. Quant à son livre, rien ne l'égale pour l'abondance et la sûreté des renseignements, pour le nombre des monuments et la fidélité remarquable, si l'on considère l'époque, avec laquelle ils sont reproduits.

On s'attendrait à ce que, sur les pas d'un tel guide, d'autres explorateurs se fussent précipités dans la carrière. Mais il en a été des courses de Bosio comme des dessins compris dans son ouvrage. Les cuivres qu'avait fait graver son éditeur passèrent successivement dans les mains d'Aringhi, qui traduisit en latin la relation italienne, et de Bottari, auquel ils donnèrent lieu d'écrire un savant commentaire. Quant à prolonger ces sortes d'investigations sur le sol même des cimetière sacrés, ou à vérifier d'après les originaux les dessins du premier explorateur, c'est là une peine qu'on se garda de prendre. Boldetti, qui publia un siècle après Bosio un riche supplément à la *Roma sotterranea*, était plus qu'un autre en position de continuer les recherches. Clément XI l'avait nommé gardien des saints cimetières de Rome : c'est à lui qu'aboutissait le résultat des fouilles que l'on continuait de faire pour trouver des reliques de martyrs ; mais la naïveté avec laquelle ce savant ecclésiastique raconte comment ces fouilles étaient conduites, les ouvriers allant de çà et de là faire un trou dans la terre aux endroits où ils pensaient qu'on trouverait des sépultures, et les autorités ne se rendant sur les lieux qu'après qu'on leur avait signalé quelque résultat digne d'attention, suffit pour faire penser que, du côté des supérieurs, on ne se croyait tenu à aucune initiative, et que Boldetti lui-même, malgré la vivacité de ses goûts et son incontestable capacité, ne se considérait pas comme obligé de déployer plus d'activité matérielle qu'on n'en avait montré depuis la mort de Bosio.

Cependant les découvertes de ce courageux fouilleur avaient produit une impression profonde : le monde catholique s'en était ému ; les dissidents élevaient des objections que l'on réfutait avec ardeur. Tout le monde se rappelle l'intervention de Leibnitz et ses conclusions impartiales dans la question du *Vase de sang*. On enrichissait en même temps les églises de nombreuses reliques tirées des cimetières sacrés ; on en envoyait dans le monde entier. Le mouvement scientifique avait quitté le sol des catacombes : il s'était concentré dans le cabinet des érudits; le mouvement religieux continuait : mais était-ce avec le discernement et la surveillance nécessaires? Mabillon, qui vint à Rome sous le pontificat d'Innocent XI, ne le pensa pas, et il consigna le témoignage de sa défiance dans un écrit devenu célèbre, et qu'il publia en 1698 sous ce titre : *Eusebii Romani ad Theophilum Gallum epistola de cultu sanctorum ignotorum.*

Cette lettre, à son apparition, avait produit une sensation très-vive : il fut sérieusement question de la censurer. Pour prévenir ce danger, le savant bénédictin publia une seconde édition avec quelques adoucissements dans les termes : mais le fond des observations resta le même, et la Congrégation de l'*Index* se contenta de cette marque extérieure de déférence. C'est Boldetti qui, à Rome, se chargea de réfuter Mabillon ; le fit-il, comme on le dit quelquefois, avec un plein succès? Sans nous dissimuler à quel point notre propre jugement est incompétent en pareille matière, nous oserions établir une distinction dans les critiques de Mabillon. Là où il parle du culte des *saints inconnus*, c'est-à-dire des martyrs dont on ne saurait recouvrer l'histoire, et dont les cimetières des premiers siècles nous rendent les reliques, l'illustre bénédictin laisse trop voir peut-être les opinions qui lui firent quitter Rome sans avoir rendu visite au pape et demandé sa bénédiction, uniquement parce qu'alors le pape était brouillé avec le roi de France : il excède imprudemment les bornes assignées à la position d'un humble religieux, lorsqu'il hasarde des conseils pour modérer le culte des nouveaux saints, et même, dans la plupart des cas, pour le réduire à une simple exposition dans les églises. Mais, lorsqu'il demande si les signes auxquels on croit reconnaître les sépultures des martyrs sont tous authentiques et légitimes, lorsqu'il invoque à l'appui de ses propres réserves la conduite que tint à Ravenne devant une erreur évidente le P. Papebroch, l'un des plus célèbres Bollandistes, lorsqu'il discute les textes dont on s'appuyait pour justifier la multiplicité des découvertes de reliques ; c'est un des oracles de la science qui parle, et, quelque contrariété qu'aient dû causer ses remarques, l'Église catholique aime trop la vérité pour qu'on ait cherché à étouffer la voix d'un critique de cette valeur.

Quoi qu'il en soit, on ne peut hésiter à penser que l'ardeur d'accroître le nombre des saints, sur de simples indices, souvent douteux, sans prendre les soins nécessaires pour une vérification plus méthodique et plus complète, ne se soit un peu arrêtée devant les sévères observations de Mabillon. A mesure que le dix-huitième siècle s'écoule, malgré l'éclat que jetait alors l'érudition ecclésiastique en Italie, malgré l'intérêt qu'excitaient encore les monuments copiés précédemment dans les catacombes ou extraits de cette mine scientifique, le silence s'empare de nouveau de la Rome souterraine, les souvenirs topographiques s'en oblitèrent, l'exploration des lieux passe pour ainsi dire à l'état de légende.

Je ne suis pas, je pense, du nombre de ceux qu'on peut accuser de faire du zèle hors de propos. Il y a trop d'élévation et de lumière impartiale dans la pensée qui porta les papes de la fin du dix-huitième siècle à former le musée du Vatican, pour que je n'évite pas avec un soin scrupuleux tout ce qui pourrait rappeler l'exagération de la guerre que l'on fait actuellement aux monuments du paganisme. Mais toute ma modération à cet égard, je dirai plus, toute ma reconnaissance pour les pontifes à la protection desquels on est redevable des progrès de l'archéologie classique, ne m'empêchent pas d'être froissé quand je rencontre les tombeaux de sainte Hélène et de sainte Constance, de la mère et de la fille de Constantin, au milieu des dieux et des héros de l'Olympe. Un pontife que Dieu devait appeler à l'honneur de figurer parmi les martyrs de la foi avait ainsi enlevé leur caractère sacré à des monuments vénérables, qu'on pourrait appeler des reliques de porphyre, depuis que les profanations de 1793 ont fait une relique du tombeau de pierre de la patronne de Paris. Lorsqu'on osait accomplir de telles entreprises, le vent n'était pas à s'occuper des catacombes.

Pour comprendre ce qu'au commencement de ce siècle il était resté de la flamme dont Bosio avait été animé, il suffit de parcourir un ouvrage publié en 1810 sous le titre de *Voyage dans les catacombes de Rome, par un membre de l'Académie de Cortone*. J'ai beaucoup connu l'auteur de ce voyage : il a rendu des services notables à l'histoire et à la religion par des écrits plus sérieux ; il ne me convient donc pas de trahir son anonyme : mais on peut se donner innocemment le plaisir de voir ce qu'une descente aux catacombes représentait aux yeux des Romains ou des personnes qui résidaient dans la capitale du monde catholique à l'époque où parut le volume en question. L'intérieur de l'Afrique était alors mieux connu, et l'on en avait une idée plus exacte. Dire les fables que racontait le seul prêtre qui se vantât d'avoir imité Bosio en parcourant ces grottes mystérieuses, raconter les terreurs qui poursuivirent notre compatriote lorsque, contre tous les conseils de la prudence, il se décida à braver la mort pour se promener pendant quelques heures dans les galeries qui s'étendent sous la *Villa Pamfili*, ce serait introduire des incidents comiques dans le plus grave de tous les sujets. Je me contenterai donc d'une simple allusion à ce volume, digne à certains égards d'être rangé à la suite de la *Bibliothèque bleue*. Pour être juste, il faut dire qu'à la même époque un autre Français, le vénérable d'Agincourt, avait copié dans les catacombes des sujets qui avaient échappé à l'attention de Bosio.

Mais le contraste était nécessaire pour faire comprendre ce qu'il y eut d'énergie dans la résolution qu'il y a vingt ans environ prit le R. P. Marchi, de la Compagnie de Jésus, d'entreprendre, après deux siècles écoulés depuis la mort de Bosio, un véritable voyage dans les catacombes. Comme on l'a lu plus haut, je vis le P. Marchi à Rome pour la première fois en 1841 : c'était alors un homme d'un tempérament robuste, aux cheveux noirs, à l'œil vif, et dont toute la personne respirait cette résolution gaie qui est le signe caractéristique d'une vocation pour l'archéologie active. Le P. Marchi avoue pourtant qu'il eut d'abord quelque peine à dominer sa crainte. Il y a deux hommes distincts dans ce qui constitue ordinairement le type de l'antiquaire, et trop rarement l'on a vu une même personne réunir les qualités de ces deux hommes, l'un qui cherche les monuments et l'autre qui les explique. Ils s'étaient rencontrés une fois, pour l'exploration des catacombes, dans Antoine Bosio; le P. Marchi en a fourni le second exemple. Pendant près de dix ans, on le vit se livrer à ces recherches avec une ardeur quelquefois imprudente, et, lorsqu'une maladie grave vint les interrompre, il s'en fallut de peu qu'il ne pérît en quelque sorte sur le champ de bataille.

J'ai retrouvé à la fin de l'année dernière l'excellent P. Marchi : à présent, c'est un vieillard. La neige est tombée sur ses cheveux; il s'exprime avec une lente douceur. Mais le feu qui le brûlait au début de ses travaux ne s'est point amorti. Lorsqu'il veut bien conduire encore des étrangers au cimetière de Sainte-Agnès, un saint enthousiasme le saisit; il remonte par la pensée aux siècles des persécutions; il explique les chambres, il anime les tableaux : on ne peut rester insensible à ces révélations du passé où la vérité historique sait prendre les couleurs de la poésie. Cette impression s'accroît du respect qu'inspire l'exégète sacré. Les belles observations qu'il a consignées dans son livre, malheureusement inachevé, sur l'*Architecture des catacombes*, la distinction lumineuse qu'il a établie entre les arénaires ou carrières de pouzzolane et le tuf où les galeries des cimetières sont toujours creusées; la preuve qu'il a donnée le premier que les chrétiens n'ont jamais mis à profit les arénaires abandonnés; la manière ingénieuse et vraisemblable dont il explique le caractère propre de leurs sépultures, et dont il rattache ce nouvel usage à la sépulture même du Sauveur; le caractère d'église qu'il a restitué aux salles intérieures des catacombes; la distinction évidente de l'autel, l'antiquité retrouvée de la consécration du corps de Jésus-Christ sur les reliques des martyrs : la place assignée au clergé et aux fidèles, à l'évêque, au prêtre, et très-vraisemblablement au pénitent prosterné devant le confesseur; la certitude enfin que l'Église catholique, telle qu'elle s'est perpétuée, vivait déjà tout entière dans ces grottes mystérieuses; et, comme preuve matérielle de cette tradition inaltérée la transition déjà bien observée de l'architecture des catacombes à celle des basiliques; tout cet ensemble de conclusions, dont la réalité se démontre par la fécondité même des résultats ultérieurs, et auquel mit le comble la découverte des reliques de saint Hyacinthe dans la catacombe de saint Hermès, constitue en faveur du P. Marchi les plus magnifiques titres scientifiques et empêchera désormais de mettre aucun nom au-dessus du sien, quelque admiration que méritent les travaux et les découvertes de ses disciples.

Entre le premier maître et le second, entre le P. Marchi et le chevalier De' Rossi, l'ordre chronologique m'oblige à placer le grand et bel ouvrage publié en France par M. Perret; mais on peut rendre à ce travail toute la justice qu'il mérite, sans y assigner une très-grande valeur scientifique. M. Perret a dû principalement son succès parmi nous aux admirables dessins que M. Savinien Petit avait exécutés pour lui. Quand ce jeune peintre, auquel l'opinion publique n'a pas encore assigné sa véritable place, rapporta en France ses précieux portefeuilles, tout le monde fut frappé comme d'une révélation qui allait se faire. Les planches de Bosio, source de toute appréciation des peintures des catacombes, sous le rapport de l'art, n'en donnaient qu'une très-faible idée. Dessinateur d'un ordre peu commun, à la fois plein de sentiment et dépourvu de manière, M. S. Petit avait abordé le premier la reproduction fidèle de ces ébauches négligées, mais empreintes de style et de vie, qui forment les premiers essais de la peinture chrétienne. Je n'ai jamais été plus convaincu des qualités qui distinguent les copies de notre compatriote qu'en retrouvant dans le musée de Latran le commencement d'une galerie dans laquelle on se propose de reproduire les principaux tableaux des catacombes, voués, par la nature des parois et des enduits sur lesquels elles sont tracées, à une destruction prochaine. La roideur de ces imitations offre, en général, un contraste fâcheux avec la liberté hardie qui distingue les originaux.

Pour en revenir à M. S. Petit, le succès qui accueillit son portefeuille des catacombes avait admirablement préparé les voies à M. Perret. Celui-ci trouva donc un accès facile auprès de ceux des membres de l'Assemblée législative dont l'opinion en matière d'art faisait autorité, et la protection du gouvernement fut garantie à la publication projetée. On a fort mal pris à Rome, je le sais, cette entreprise française, et, d'un autre côté, l'ouvrage n'a pas tenu tout ce que le rapport de la commission législative semblait promettre; mais ces reproches et ces critiques, plus ou moins fondés, laissent intacte la part d'honneur qui revient à M. S. Petit, et c'est la seule conclusion que je tiens à établir.

Ce n'est pas la faute du peintre français si les troubles de Rome lui ont rendu faciles des explorations et des travaux qui, sous un gouvernement régulier, auraient sans doute rencontré les plus sérieux obstacles. Pour repousser les étrangers, on a généralement dans Rome deux motifs : l'un naïf, l'autre répréhensible. Les savants italiens se laissent aller à réclamer le monopole des antiquités, comme s'il s'agissait d'envahir l'héritage de leurs pères; c'est dans leur pensée une propriété qui devrait leur appartenir exclusivement, du droit de la tradition et de l'aptitude : nous leur pardonnons l'excès d'une telle prétention en faveur de ce que, dans une certaine mesure, elle a de fondé et de légitime. Quant à ce qu'il pourrait y avoir d'intéressé dans les tentatives d'exclusion que les étrangers rencontrent, c'est notre droit à nous autres Français de blâmer de tels motifs, puisque, sur notre propre terrain, nous n'excluons personne. M. S. Petit a pris la liberté de copier les peintures des catacombes, quand les portes en étaient ouvertes : il n'a pas droit seulement à ce qu'on l'excuse, il mérite aussi des éloges.

Mais, d'un autre côté, on comprendrait bien mieux le service qu'il voulait rendre à l'histoire de l'art, si l'éditeur de ces dessins n'eût entrepris presque partout de faire disparaître les irrégularités et les négligences que présentent les œuvres originales. Alors on accuse d'infidélité le dessinateur, et non sans apparence de raison. M. S. Petit avait traduit avec intelligence et sentiment les peintures des catacombes; l'éditeur, à son tour, a retraduit, suivant un système qui lui est propre, les dessins de M. S. Petit; l'application de ce système nous éloigne un peu trop de ce que le rapport de la commission faisait attendre.

Après cette parenthèse, que je ne pouvais éviter sans exciter des réclamations, j'en arrive à M. De' Rossi, et, quand je vais entreprendre une rapide analyse de ses travaux, je ne voudrais pas encourir le reproche de me laisser aller au penchant de la reconnaissance et de l'amitié. Malgré la différence des âges, M. De' Rossi a été le maître, et je ne suis que l'écolier. En suivant ses leçons, j'abdiquais toute prétention personnelle; je ne m'attachais qu'à les retenir et à les comprendre. Il s'est mis, avec une abnégation complète, au service de mon importune curiosité; il m'a mené partout où me permettait d'aller le temps très-limité dont je disposais. J'ai visité sous sa conduite et à plusieurs reprises les catacombes de Saint-Calliste, de Sainte-Domitille et de Prétextat. Le P. Marchi, quittant un moment ses doux et studieux loisirs du Musée Kircher, a eu la bonté de me conduire dans le cimetière de Sainte-Agnès, ce domaine scientifique, dont personne n'aurait la pensée de lui disputer la possession. J'ai vu seul les travaux qu'on fait autour du sanctuaire de Saint-Laurent-hors-les-Murs, et la mort de madame Visconti, ayant eu lieu pendant mon séjour à

Rome, a empêché son mari, mon ami depuis vingt ans, de m'expliquer lui-même la basilique et la catacombe de Saint-Alexandre, son heureuse découverte. Mais là même où ces guides précieux me manquaient, je me donnais garde d'oublier leurs conseils, et c'étaient encore eux qui me faisaient pénétrer dans l'empire de l'inconnu. Si je m'attachais à reproduire toutes les particularités qui m'ont frappé sur les lieux, ma mémoire, quoique aidée du secours d'un instrument plus jeune et plus frais, courrait risque de me faire défaut : mais les traits essentiels se sont gravés dans mon jugement plus encore que dans ma mémoire, et je n'aurai pas de peine, je l'espère, à les reproduire avec une suffisante fidélité.

## IV

La différence qu'on remarque entre la direction des idées du P. Marchi et celles de M. De' Rossi a peut-être sa source dans la nature particulière du monument auquel le docte jésuite a consacré une grande partie de son activité. Ayant été conduit à attaquer le cimetière de Sainte-Agnès par une de ses extrémités, et ce cimetière dépassant tous ceux que l'on connaît en étendue, la pensée de l'existence d'un plan dans un tel ensemble de sépultures, malgré le nombre des accidents et l'irrégularité des détails, ne pouvait se présenter spontanément à son esprit. Les circonstances au milieu desquelles ce vaste cimetière s'étendit et se peupla devaient en faire une exception, au lieu de fournir une règle propre à apprécier les autres agglomérations du même genre. Contemporain de la persécution de Dioclétien ou peu antérieur, dans son noyau primitif, à cette fatale époque (on a lieu de douter maintenant que sainte Agnès ait souffert le martyre à une date aussi tardive), la catacombe étudiée par le P. Marchi aurait difficilement offert les traces de coordination qu'on remarque actuellement dans les autres. Au milieu de maux pires que ceux qui avaient précédé, la terreur avait pénétré jusque dans les asiles souterrains de la foi : les cataractes, sorte de puits par lesquels on descendait les morts en toute hâte, ne se sont peut-être pas trouvées ailleurs qu'à Sainte-Agnès. Une espèce de promiscuité devait donc se montrer alors entre les morts violentes et les morts naturelles. Malgré la règle d'isolement des sépultures, un cadavre à demi consumé pouvait avoir partagé la dernière couche d'un autre chrétien ; des martyrs constatés par leur épitaphe s'être alignés dans les galeries, en dehors de toute place d'honneur, comme les simples fidèles. Ces anomalies n'étaient pas de nature à mettre en défiance contre la facilité des attributions antérieures de ce titre vénéré.

D'ailleurs on avait agi jusque-là sur la foi des attributions populaires. Pour innover en ce genre, il fallait des savants auxquels la pratique des bibliothèques fût aussi familière que celle des monuments. Bien jeune encore, le chevalier De'Rossi, à l'exemple et sur les traces du P. Marchi, avait réuni ce double avantage. L'étude des itinéraires qui, pendant les premiers siècles de la paix de l'Église, avaient guidé les pèlerins dans les dédales de la *Rome souterraine*, lui ouvrit les yeux. Il y vit combien s'était altérée la notion exacte des anciennes divisions et des dénominations originaires. Dès lors commença à s'effacer de son esprit l'opinion commune, suivant laquelle les catacombes auraient formé autour de Rome un vaste réseau, avec des communications de l'une à l'autre. Il comprit que chaque cimetière, partant d'un centre propre et d'une cause déterminée, ne pouvait, quelque développement que ses ramifications eussent pris, s'étendre à d'autres agglomérations du même genre. La persuasion de l'isolement de chaque catacombe fut le résultat de cette réflexion.

Si, comme on l'avait pensé jusqu'alors, la population persécutée se fût réfugiée au fond de ces asiles pour y attendre la fin du danger, on aurait encore compris l'utilité des passages d'un cimetière à l'autre. Mais la nature d'un certain nombre de dénominations avertissait M. De'Rossi que la plupart des lieux de sépulture chrétienne avaient été établis dans des propriétés particulières, ce qui faisait admettre à un certain degré, même aux plus mauvaises époques, l'inviolabilité du domicile, surtout lorsque le rang des protecteurs pouvait en imposer à la rage des bourreaux. Un exemple notable de cette sécurité relative était offert par le nom de *propriété de Domitille, prædium Domitillæ*, attaché à l'une des plus anciennes sépultures chrétiennes. Ce nom se rapportait évidemment à l'une des saintes Domitilles, de la famille impériale des Flavius, l'une femme, l'autre nièce de Fl. Clemens, le premier martyr de sang impérial que l'Église ait inscrit sur ses diptyques. La seconde sainte Domitille, à laquelle les indications des itinéraires et des actes se rattachent plus naturellement, ayant été exilée dans l'île de Pontia, en face de Terracine, après le supplice de son oncle, revint à Rome sous Trajan, et sa qualité de petite-nièce de Vespasien ne put manquer de lui concilier le respect universel. Elle rapportait avec elle les os de ses fidèles serviteurs, Nérée et Achillée, mis à mort pour la foi, tout auprès du lieu de son exil. A partir de ce moment, la propriété de Domitille, où cette sainte dame leur avait fait creuser un tombeau, devint le rendez-vous des fidèles. On invoquait l'intercession des martyrs ; on espérait, en se faisant enterrer auprès d'eux, se mettre plus directement encore sous leur protection. Les galeries funèbres commencèrent ainsi à rayonner et à s'enlacer autour du sanctuaire où le prêtre offrait la victime sans tache sur les reliques des saints.

Le cimetière de Domitille était situé sur la voie qui menait à Ardée. A peu de distance vers l'orient et sur la voie Appienne, les itinéraires indiquent le cimetière de Calliste. Ce dernier ensemble de sépultures, contre l'opinion des temps modernes, se présentait dans les itinéraires comme distinct de celui de Saint-Sébastien, creusé sur la même voie, mais plus au midi. A Saint-Sébastien est la *Catacombe* proprement dite, s'il est permis de considérer cette dénomination comme ayant servi à indiquer la chapelle souterraine où reposèrent pendant quelque temps les reliques de saint Pierre et de saint Paul et que le P. Marchi a publiée. Cette station momentanée des reliques considérées comme les plus précieuses suffisait pour justifier l'établissement d'un cimetière distinct, et d'ailleurs ce qu'on montrait à Saint-Sébastien, seule nécropole qui fût restée accessible aux fidèles et aux érudits, ne semblait pas propre à mettre sur la voie du tombeau de saint Calliste et de la sépulture des nombreux pontifes du troisième et du quatrième siècle, qu'une tradition constante plaçait en cet endroit. Préoccupé de cette pensée que lui avaient suggérée ses lectures, éclairé d'ailleurs par la distinction que le P. Marchi avait déjà établie entre le cimetière de Saint-Sébastien et celui de Saint-Calliste, M. De'Rossi fut frappé de la forme extérieure d'un humble édifice qui s'élevait au milieu de la Vigna Amendola, d'où beaucoup de monuments, tant païens que chrétiens, avaient déjà été tirés. Il y reconnut, malgré l'usage rustique auquel on l'avait consacré, une chapelle à trois absides, et la nature de la construction en briques, sorte d'indice qui à Rome ne trompe jamais, lui fit attribuer ce monument au troisième siècle ou aux premières années du quatrième A cette chapelle aboutissait un escalier monumental qui de l'extérieur conduisait dans une catacombe inconnue jusque-là dans son ensemble. De larges corridors, éclairés par de grands lucernaires, amenèrent l'habile explorateur dans une salle, garnie de tombes de marbre, dont les inscriptions, recomposées avec autant de sagacité que de bonheur, révèlent les noms de quatre pontifes, saint Anthère (de 235 à 236), saint Fabien (236-251), saint Luce (252-255) et saint Sixte II (257-259). Plus loin, étaient les tombeaux de saint Corneille et de saint Eusèbe. Auprès de la première salle, M. De'Rossi constata la place où sainte Cécile, cette jeune Romaine d'illustre naissance dont le souvenir a laissé une impression ineffaçable dans le cœur des Romains, avait été primitivement déposée, par un insigne honneur qu'aucune femme n'avait partagé avec elle. D autres inductions ingénieuses révélèrent à l'éminent archéologue le lieu de la sépulture de saint Melchiade, sous lequel commença la paix de l'Église. Ces grands résultats sur le détail desquels nous n'insistons pas, parce que le cardinal Wiseman les a habilement intercalés pour la plupart dans sa *Fabiola*, livre charmant que tout le monde a lu ou doit lire ; ces grands résultats, dis-je, avaient été amenés par une suite d'indices observés et recueillis sur les parois de la catacombe : des noms de pèlerins inscrits à la pointe, des invocations aux saints dont les reliques étaient proches, des peintures de différents âges qui témoignaient d'une dévotion prolongée pendant plusieurs siècles. L'œuvre de chaque temps se faisait ainsi distinguer par des caractères précis.

On avait d'abord les tombes primitives des papes avec la majestueuse simplicité de leurs épitaphes ; puis les ornements ajoutés depuis la paix de l'Église, et les éloges en vers composés par le pape saint Damase, au milieu du quatrième siècle. On s'apercevait de la sainte ambition avec laquelle les fidèles, dès les premiers temps, avaient pressé leurs sépultures auprès de celles de leurs célestes intercesseurs. Puis, le calme et la sécurité étant revenues, la nécessité de faciliter l'accès des pèlerins avait fait, souvent aux dépens des premières tombes, élargir les galeries et les escaliers, ouvrir les lucernaires, appeler la lumière dans ces profondeurs vénérables. Puis encore, par un indiscret empressement, et tandis que le sol remué des sanctuaires se couvrait d'épitaphes, les peintures de la première ou de la seconde époque s'étaient vues entaillées pour creuser de nouvelles couches dans la paroi qui les avait portées. Enfin, les galeries de niveau avec les chapelles des martyrs ne suffisant plus, les mines s'étaient enfoncées dans le tuf, et des étages inférieurs avaient commencé à s'étendre sous le premier; tandis que, en remontant vers la surface, à côté de l'oratoire découvert par M. De'Rossi, près d'une autre chapelle aussi ancienne que la première, quoique d'une forme un peu différente, dans le voisinage de l'escalier et des autres ouvertures, des sépultures maçonnées à fleur de sol ajoutaient le poids d'une foule de nouveaux morts aux multitudes déjà cachées dans les profondeurs souterraines. Avec une accumulation semblable, on conçoit que des inscriptions et des sarcophages, depuis l'origine de la catacombe jusque par delà les limites chronologiques de l'empire d'Occident, tirées de la terre sans ordre et sans méthode, aient dû jeter les observateurs dans un étrange embarras. Mais quand, à l'aide des règles fournies par l'étude des lieux, on remédie au désordre, le classement des divers monuments s'opère avec régularité, et l'on commence à voir clair dans ces obscurités scientifiques.

A M. De'Rossi revient l'honneur d'avoir le premier fait entrer sérieusement l'histoire dans l'étude des catacombes : cette louange, il ne l'a pas seulement méritée par la découverte de la sépulture primitive des papes du troisième siècle ; les distinctions qu'il a introduites dans la progression des travaux s'appliquent à tous les cimetières, même à ceux où n'ont pas été déposés d'aussi illustres personnages. C'est là une épreuve que j'ai eu l'inappréciable jouissance de faire avec lui, non-seulement au cimetière de Calliste, mais à ceux de Domitille et de Prétextat, ce dernier situé à l'orient de la voie Appienne. Dans ces différentes catacombes, deux séries se développent parallèlement, celle des inscriptions et celle des peintures ; la suite des sculptures commence un peu plus tard, mais elle offre aussi des éléments sûrs pour l'appréciation des époques.

Les inscriptions commencent par l'extrême simplicité des formules, et, avec le temps, elles s'amplifient ; les renseignements s'y multiplient, les dates y prennent une place de plus en plus importante. Les peintures offrent un champ d'observations plus intéressant encore. Avant mon dernier voyage de Rome et sur la seule inspection des dessins de M. Savinien Petit, j'étais déjà convaincu que la peinture chrétienne remonte jusqu'aux époques florissantes de l'art romain ; mais, à ce moment, c'était encore une hardiesse que de parler de productions du troisième siècle. Aujourd'hui, fort de la conviction parfaitement raisonnée de M. De' Rossi, et j'oserais dire de nos communes observations, je ne crains pas d'affirmer qu'on peut refaire toute une histoire de la peinture chrétienne depuis la fin du premier siècle ou le commencement du second jusqu'aux premiers temps de la paix de l'Église au quatrième. Ces vieux titres de noblesse se déroulent avec une évidence incontestable.

J'avais visité la chambre sépulcrale de la pyramide de Caïus Cestius, la veille du jour où M. De' Rossi me conduisit au cimetière de Domitille ; j'avais donc dans la mémoire et pour ainsi dire dans les yeux l'empreinte toute fraîche d'une décoration peinte à date certaine, le tombeau païen dont je parle ayant été construit l'an 32 avant Jésus-Christ. Quand je me trouvai dans la première salle de la catacombe, où, entre quatre figures de génies qui n'ont rien de caractéristique dans le sens de l'ancienne ou de la nouvelle religion, s'offre à la voûte une figure décidément chrétienne du Bon Pasteur, je ne crus pas avoir changé d'époque, et pour peu les deux décorations, celle de la veille et celle du jour, m'auraient fait l'illusion d'avoir été tracées par la même main.

Cependant mon aimable et savant guide ne voulait pas me laisser sous le coup de cette première émotion, il tenait à l'augmenter encore. Après m'avoir fait voir des figures du Christ et des apôtres, qu'on croirait, sauf le sujet, enlevées des murs d'Herculanum, ainsi que des symboles évidents du mystère eucharistique, il me mena dans une autre chambre où la Vierge, tenant son divin Fils sur ses genoux, se montre recevant les présents des rois mages. O douce et puissante comparaison! Raphaël a certainement vu plusieurs peintures des catacombes, et il en a profité. Son Adam et Ève, du plafond de la salle *della Segnatura*, au Vatican, se retrouve presque identiquement au cimetière de Domitille. A son tour, la Vierge de la même catacombe a la grâce chaste et la souplesse d'une madone de Raphaël. La foi du catholique s'exalte en reconnaissant, à d'indubitables preuves, le culte de la Mère de Dieu établi jusque dans les plus hautes époques de la primitive Église. L'artiste et le savant s'émerveillent de l'antiquité d'un type dont le moyen âge avait gardé l'empreinte et que la Renaissance ramena à sa première élégance.

Si le cimetière de Domitille nous offre des peintures qui peuvent remonter à la fin du premier siècle, nous en trouvons au cimetière de Prétextat qu'il faut rapporter avec certitude à l'âge des Antonins. La beauté du style emprunté aux Grecs ne s'y est pas encore altérée; et, chose inattendue, l'art mis au service de l'Évangile ne se borne pas à la reproduction de pieuses allégories, il aborde les sujets mêmes de l'histoire du Sauveur. On montre dès à présent, au musée de Latran, la copie des scènes de l'Évangile peintes dans le cimetière de Prétextat : les sujets conservés sont le Christ et la Samaritaine, l'Hémorrhoïsse et le Couronnement d'épines; au-dessus, dans la partie mutilée, j'ai cru reconnaître les marches inférieures de l'escalier du prétoire de Pilate et les pieds du Sauveur qui s'apprête à les gravir. Notre Lesueur n'a rien tracé, de son pinceau sûr et léger, de plus suave et d'une grâce plus chrétienne que la figure de la Samaritaine auprès du puits.

Ces peintures, où l'Évangile se montre dans toute sa limpidité, sans aucun mélange d'éléments antérieurs, même de ceux qui ne font pas disparate avec les emblèmes chrétiens, laissent bien loin derrière elles la décoration d'une grotte voisine, sur laquelle on a beaucoup écrit depuis quelques années, et où Raoul-Rochette, dans son empressement à noyer au sein des influences du paganisme les premiers développements de l'art chrétien, s'obstinait à en chercher les plus anciennes productions. Je veux parler des peintures, plus exactement reproduites par M. S. Petit, où le passage dans l'autre vie d'un *Vincentius* et d'une *Vibia*, adeptes sans aucun doute d'une secte mithriaque, est indiqué par une suite d'allégories qui mêlent les idées chrétiennes à celle du paganisme oriental et romain. Après m'être convaincu que les antiquaires italiens ne s'étaient pas trompés sur l'origine et le caractère de ces peintures, j'ai constaté leur infériorité frappante sous le rapport de l'art et la date évidemment plus récente de leur exécution, quand on les compare aux scènes évangéliques de la catacombe limitrophe.

Plus de négligence dans le pinceau, moins d'élévation dans le style, caractérisent les peintures du cimetière de Saint-Calliste, quand on les compare aux productions analogues des catacombes de Domitille et de Prétextat; mais la différence est encore plus saillante dans les chambres sépulcrales de Sainte-Agnès, exécutées pour la plupart dans le premier et le second siècle de la paix de l'Église (IV° et V° après J.C.). Là se manifestent les premiers essais d'un style plus oriental, plus roide, et qu'avec l'influence que le moyen âge exerce sur nous nous serions tentés de considérer comme plus chrétien. La Vierge de ce dernier cimetière, que les pèlerinages dirigés par le P. Marchi ont rendue célèbre, et à laquelle on attribue des miracles de conversion, a déjà ce commencement d'empreinte byzantine. Les Vierges antérieures en date dont on a rassemblé les copies au musée de Latran, et parmi lesquelles celle du cimetière de Domitille occupe le premier rang, enlèvent à la Vierge de Sainte-Agnès une partie de son importance, au point de vue de l'antiquité du culte de la Mère de Dieu.

Les motifs qui retardèrent le développement de la sculpture chrétienne sont faciles à comprendre : aux époques où la religion nouvelle passait incessamment de la persécution à la défiance, on aurait couru trop de risques à exercer publiquement un art qui opère sur des masses pesantes dans de bruyants ateliers : un peintre avait fait bien plus vite et plus sûrement de descendre dans la catacombe et d'y ébaucher quelques compositions avec la pratique résolue qu'on remarque dans toutes les œuvres romaines. Aussi, lorsque l'augmentation des fortunes parmi les chrétiens et la fréquentation croissante des cimetières eut suggéré la pensée d'y employer des sarcophages historiés, choisit-on d'abord chez les entrepreneurs de ces sortes d'objets (la plupart de ceux qui nous sont parvenus sont des œuvres de fabrique) les sujets indifférents, exempts de paganisme, ou pouvant offrir quelque allusion éloignée à la foi nouvelle : par exemple, les scènes tirées de la chasse, des jeux du cirque, des saisons ou des vendanges. Si l'on trouve des chrétiens de la fin du second siècle ou du troisième ensevelis dans des sarcophages semblables à ceux dont les païens faisaient usage, on peut affirmer sans crainte de démenti que la décoration de ces sarcophages n'offrait rien de mythologique. Les fragments qui présentent ce dernier caractère, et qu'on a tirés des catacombes, étaient des plaques retournées pour en faire usage dans la clôture des *loculi*, faute d'autres matériaux ; les épitaphes païennes qui proviennent de la même source n'ont pas une origine différente : la remarque que le P. Papebroch avait faite par rapport à la prétendue sainte Argyride de Ravenne[1] trouve journellement son application dans les recher-

---

[1] *De cult. Sanct. ignot.*, § 9

ches actuelles, faites avec plus d'ordre et de soin que par le passé.

L'introduction des sujets chrétiens dans la sculpture paraît avoir eu lieu dans la première moitié du troisième siècle, et surtout pendant la longue paix qui s'étendit depuis la captivité de Valérien jusqu'au règne de Dioclétien, et qui ne fut interrompue que par des poursuites partielles ou de peu d'importance. Alors le nombre des chrétiens s'était accru de manière à dépasser probablement plus de la moitié du total de la population. Le rang et la richesse d'une grande quantité d'entre eux fournirent aux artistes l'occasion de s'exercer dans un nouveau genre de sujets : c'est à cette époque que je serais disposé à faire remonter les statues en ronde bosse du *Bon Pasteur* qu'on a tirées de la catacombe de Sainte-Agnès et qui font aujourd'hui l'ornement du musée chrétien de Latran; pour le coup Raoul-Rochette leur aurait attribué le nom d'*Aristée*, tant l'élégance et le goût qui distinguent ces figures les rapprochent des meilleures productions de l'art romain.

En les admirant, on arrive à se convaincre de l'erreur et de l'injustice dans lesquelles tombent journellement les personnes qui accusent le christianisme d'avoir amené la décadence des arts du dessin. Dans le temps où nous plaçons l'exécution des statues du *Bon Pasteur*, l'art était déjà aux abois, et, sauf dans la Gaule, où les médailles des prétendus Tyrans se distinguaient par une exécution encore remarquable, on se traînait dans l'imitation des anciens types, en les altérant chaque jour davantage. Les sujets chrétiens, au contraire, ranimèrent l'art et lui donnèrent une nouvelle vie; on peut s'en convaincre en observant la suite des statues qui sont arrivées jusqu'à nous, plus ou moins mutilées ou complètes : le Saint Hippolyte, aujourd'hui placé dans le musée chrétien, qui doit avoir été exécuté du vivant même de ce Père, martyrisé probablement en 256; le Saint Pierre de marbre des *Grotte Vaticane*, ouvrage que j'attribue au quatrième siècle, et le Saint Pierre de bronze de la grande Basilique, qu'après mûr examen je ne saurais ranger avant le pontificat de saint Léon. C'est au milieu du quatrième siècle, en 359, que se place l'exécution du magnifique sarcophage de Junius Bassus, tiré des catacombes du Vatican, et ce monument, qui donne l'époque approximative de plusieurs centaines d'autres sarcophages, montre à quel point la sécurité rendue à l'Église par Constantin avait favorisé le développement de la sculpture chrétienne. La belle littérature des Pères ressemble à ces productions du ciseau catholique : tant que le monde romain fut debout, le génie humain, dans toutes ses applications, n'eut rien à regretter du passé; ce qu'il avait perdu du côté de la forme, il le regagnait du côté de la pensée. Si les circonstances eussent été favorables, on aurait vu sans doute les arts jeter, sous l'influence de l'Église, le même éclat qu'au seizième siècle. La chute des arts et des lettres tient à l'invasion des Barbares :

et, quand on attribue l'invasion des Barbares au christianisme, on méconnait le caractère et l'enchaînement de l'histoire romaine, depuis Auguste jusqu'à Théodose, depuis la défaite de Varus jusqu'au sac de Rome par Alaric.

## V

Mais où les découvertes de M. De 'Rossi sont de nature à produire des résultats encore plus considérables, c'est dans l'histoire de l'architecture chrétienne. J'ai déjà montré la fondation, puis l'embellissement, puis l'extension du sanctuaire souterrain, auquel correspondent, ou simultanément, ou peu de temps après, les oratoires construits à fleur de sol, ces oratoires qui reproduisent déjà les arcades, les absides multipliées du centre religieux de la catacombe, tandis qu'au sein de la ville, dans l'enceinte des grandes maisons chrétiennes, une salle régulière, semblable à celles qui précédaient les basiliques, reçoit l'assemblée des fidèles.

L'entrée du cimetière de Prétextat nous montre un oratoire plus important que ceux qu'on trouve au-dessus du cimetière de Calliste. L'édifice dont je parle et qu'on prenait encore, il y a quelque temps, pour un temple païen, a été restitué avec juste raison par M. De 'Rossi à l'architecture chrétienne. Je suis resté frappé d'admiration devant cette rotonde surmontée d'une coupole et garnie de six absides dont la première s'ouvrait pour donner accès à l'édifice. La comparaison qu'on peut faire de cette construction avec les bâtiments voisins élevés par Maxence montre que ce serait la mettre trop bas que de la faire descendre au quatrième siècle. Avec des éléments d'une telle importance, on s'aperçoit de la nécessité de chercher le point de départ de l'architecture byzantine ailleurs qu'en Orient.

Cependant les annexes des cimetières sacrés ne nous fournissent encore qu'une transition incomplète de l'architecture des catacombes à celle des églises. On les rencontre dans des endroits où la disposition du sol n'avait pas permis de songer à mettre à découvert la sépulture primitive des martyrs. Mais, dans d'autres terrains où le tu propre au creusement des galeries s'était rencontré à une moindre profondeur, où le lieu de la déposition des martyrs présentait déjà à l'extérieur une dépression entre les hauteurs voisines, la pensée s'offrit à l'esprit des chrétiens d'unir la basilique à la catacombe, en fondant l'une sur l'autre. C'est pour la démonstration des faits de ce genre, qui n'avaient pas été observés jusqu'à présent, que la découverte du cimetière de Saint-Alexandre présente un intérêt du premier ordre.

Depuis les incursions des Lombards et des Sarrasins, qui transformèrent enfin désert la campagne de Rome, on avait oublié ce centre religieux établi à plus de deux lieues de la ville, sur la voie Nomentane et dans le voisinage du bourg qui a donné son nom à cette voie. Quoiqu'il eût renfermé les reliques du pape saint Alexandre (109-119) et de ses compagnons dans le martyre, saint Evence et saint Théodule, ce n'était qu'un cimetière de village. La pauvreté et l'imperfection des ornements répondaient à l'exiguïté des ressources du lieu ; mais la très-faible profondeur de la fouille avait permis de transformer en une basilique extérieure les principales chambres sépulcrales, tout en laissant les galeries du cimetière s'étendre et se presser en quelque sorte autour du sanctuaire des saints. Bientôt cette relation étroite entre la basilique et le cimetière aura perdu de son évidence à cause des travaux que la piété de Pie IX élève au-dessus du tombeau de saint Alexandre; mais, cet hiver encore, on peut voir tout le plan de l'édifice originaire, avec le tombeau de saint Alexandre et de saint Evence, servant, malgré sa position oblique par rapport à la direction du monument, d'autel majeur à l'église, et la chambre où reposait saint Théodule disposée sur la gauche, comme une chapelle latérale, avec des tombes parfaitement semblables à celles des catacombes dans le passage qui y conduit. Le type restreint et modeste d'une basilique prise sur une catacombe et continuant à lui servir de centre, malgré sa transformation en un édifice à fleur de sol, sert à faire comprendre le système dans lequel furent conçus les plus augustes édifices que les chrétiens du quatrième siècle élevèrent à la gloire des illustres martyrs, des apôtres et du Sauveur lui-même.

Ici je dois rapporter une circonstance de ma visite à la basilique de Saint-Alexandre. J'ai déjà dit les tristes causes qui avaient empêché M. Visconti de me la montrer; un malentendu nous avait privés, ce jour-là, de la précieuse compagnie de M. De'Rossi. A quatre Français que nous étions, il nous fallait deviner la disposition et les motifs de l'ensemble que nous avions sous les yeux. Un noble voyageur dont l'amitié nous honore et nous est chère, M. le marquis de Vogüé cherchait, comme nous, à se retrouver dans ce dédale. Tout à coup l'amour paternel lui suggère un lumineux rapprochement; il se rappelle ce que son fils, M. Melchior de Vogüé, lui a bien des fois raconté de la manière dont Constantin avait fait du Saint Sépulcre de Jérusalem une église, et il s'écrie : « Voilà une imitation du Saint-Sépulcre. » De retour à Rome, je m'empresse de faire part à M. De Rossi de cette précieuse remarque, et aussitôt la pensée de la science établit comme une communication électrique entre la Palestine et Rome. Un mouvement de tendresse, dans un noble cœur et dans une intelligence exercée, avait dégagé une des observations les plus fécondes pour l'intelligence de la fondation des grands sanctuaires du catholicisme.

J'ai en ce moment sous les yeux les *bonnes feuilles* d'un livre sur les églises de Jérusalem que prépare M. Melchior de Vogüé et dont la publication sera prochaine. Dans cet ouvrage, fruit d'un voyage au Levant, comme on n'en fait plus guère dans ce temps de touristes, l'auteur a retrouvé avec une persévérance ingénieuse la trace des travaux que Constantin accomplit au pied du Calvaire pour faire du Saint Sépulcre le centre du temple élevé en mémoire de l'ensevelissement du Christ et de sa résurrection. L'évidement opéré dans la roche environnante et l'aplanissement du sol sont le premier exemple peut-être, ou l'un des plus anciens, d'un procédé qui devait recevoir à Rome une application multipliée. Nous l'avons rencontrée à Saint-Alexandre sur une échelle restreinte et qui en rend l'intelligence plus facile. Les travaux qui se font actuellement à Saint-Laurent-hors-les-murs nous feront comprendre, à l'aide des observations précédentes, l'énigme qu'avait présentée jusqu'ici la disposition de cette basilique.

Quand on entre à Saint-Laurent, on trouve par delà la grande nef, et au-dessus de la confession, un sanctuaire entouré de colonnes dont la base s'enfonce à quinze ou vingt pieds en contre-bas du sol de l'Église. Pendant longtemps on avait considéré ces rangées de colonnes comme le périptère d'un temple antique enveloppé dans les constructions de l'édifice chrétien; la combinaison des débris, empruntés à des monuments divers, était pourtant trop évidente pour qu'avec les progrès de la critique on pût continuer à méconnaître l'origine chrétienne de toutes les parties de la basilique. Mais, après avoir adopté cette conclusion, on éprouvait plus de difficulté encore à se rendre compte d'une combinaison aussi singulière.

C'est alors qu'averti par l'exemple qu'offre la catacombe de Saint-Alexandre on s'est mis à découvrir les parois qui se dressent contre les parties inférieures de la colonnade, et qu'on y a trouvé les corridors et les *loculi* de la catacombe, qui se développent et s'étagent de manière à produire dans le carré long qui les sépare une espèce de bassin à ciel ouvert. Ce bassin, c'était la nef de la basilique primitive; et les colonnes qui s'enfoncent autour du sanctuaire actuel, équivalant en étendue à l'église originaire, en formaient la décoration. La confession, inférieure à la nef plus récente, et de niveau avec le temple des premiers siècles, est toujours à la même place; mais l'entrée de l'édifice était vers l'orient, dans le sens contraire à la disposition actuelle.

Forts de l'instruction successive que nous avons puisée à Saint-Alexandre et à Saint-Laurent, nous comprendrons mieux ce que signifie le vaste et magnifique escalier tout rempli des épitaphes des premiers siècles, par lequel on descend à la basilique de Sainte-Agnès, et qui, même alors que nous n'en saisissions pas le motif, nous causait une impression involontaire de recueillement et de respect. Cet escalier est la répétition en grand de ceux qui donnent accès aux catacombes de Calliste, de Domitille et de Prétextat. A la dernière marche, au lieu d'une humble et obscure chapelle creusée dans le tuf, nous trouvons une basilique ouverte, d'une élégance pour ainsi dire virginale, et qu'inondent les flots d'une pure lumière. Cet édifice, que du côté de la voie Nomentane on ne pouvait aborder qu'en descendant à une profondeur considérable, se trouve, dans la direction du nord, au niveau de la campagne. C'est que l'architecte a profité, pour ouvrir la catacombe autour du tombeau de la jeune martyre, de la dépression du sol qui existait à l'endroit même où on l'avait déposée; le ravin naturel favorisait ainsi la transformation de la crypte en un édifice extérieur.

C'est exactement la même chose que l'on fit à la catacombe du Vatican; mais ici le spectacle s'agrandit et prend en quelque sorte des proportions augustes. Placez-vous au commencement de la colonnade de Saint-Pierre, et de chaque côté de la gigantesque basilique, entre le palais pontifical et les jardins de Saint-Onuphre, observez l'ouverture de la colline. Autrefois l'enfoncement actuel, s'il existait déjà, n'avait pas du moins une importance équivalente. C'était sous ce sol devenu sacré que les chrétiens du voisinage avaient, dans le partage de la dépouille mortelle des apôtres, creusé la première chapelle de Saint-Pierre. Cette chapelle, de même que le Saint Sépulcre, de même que l'autre sanctuaire souterrain, dédié plus particulièrement à saint Paul, sur la voie d'Ostie, a été protégée par la vénération de dix-neuf siècles; mais le cercle d'honneur qui, dès les premiers moments de la paix religieuse, s'était formé autour d'elle, n'a cessé de s'étendre, à mesure des progrès de la conquête du monde par la croix, et le cimetière n'a pas été seulement diminué par ces accroissements, il y a disparu tout entier. Il faut en dire autant du sanctuaire qu'on avait fondé sur la voie d'Ostie, et qui est devenu la basilique de Saint-Paul-hors-les-murs. La superficie en est prise sur l'antique cimetière chrétien, absorbé dans les agrandissements du temple.

Malgré ces transformations, à Jérusalem comme à Rome, à Saint-Pierre comme à Saint-Paul, à Sainte-Agnès, à Saint-Laurent et à Saint-Alexandre, les tombeaux vénérés par les fidèles sont restés au point invariablement déterminé par la tradition, assurant par leur fixité même l'exactitude des souvenirs. Par là disparaît tout soupçon d'une combinaison postérieure et d'une fable légendaire. Ce n'est pas en vain que le pèlerin se prosterne au Saint Sépulcre ou s'agenouille devant la confession de Saint-Pierre. Le doute scientifique expire devant des témoignages aussi formels.

En même temps se vérifie de plus en plus la belle pensée qui saisit le P. Marchi au début de ses explorations, couronnées aujourd'hui par d'aussi admirables conquêtes. Ce n'est pas tant afin d'échapper à la lumière des poursuites qu'afin d'imiter le Christ, qu'on est allé creuser un sépulcre neuf, dans le tuf volcanique de la campagne de Rome, pour le plus humble comme pour le plus glorieux des chrétiens. Dans cet ensemble vénérable, le sépulcre du Sauveur est comme le centre d'une catacombe immense, à laquelle aboutissent les galeries de tous les temps et de tous les siècles : les morts, endormis dans le Seigneur, semblent, en se réveillant, emprunter la voix de l'apôtre pour nous dire : *Consepulti enim sumus cum illo.*

## VI

Tel, au résumé, a été jusqu'à présent le fruit des travaux de M. De'Rossi ; tels les résultats de la protection de Pie IX. Nous ne voudrions pas charger les couleurs du passé ; mais le respect ne peut aller au point de nous imposer un absolu silence. J'ai mis, pour ce qui se passait à la fin du dix-septième siècle, Mabillon en contraste avec Boldetti : avait-on été jusqu'ici plus heureux dans le nôtre ? l'ébranlement causé par les nouvelles conquêtes du P. Marchi n'avait-il produit que des résultats irréprochables ? Dans les explorations qu'on continuait de faire, presque au hasard, la science était-elle toujours au niveau du zèle ? Le zèle lui-même répondait-il chez les explorateurs à l'ardeur des sentiments et du désir des fidèles ? Un œil sagace et scrupuleux n'aurait-il pas distingué, dans la reconnaissance et dans la distribution des reliques, quelques traits d'une imprudente complaisance ? En examinant les effets produits sur les âmes par la nouvelle popularité des catacombes, n'était-on pas amené à reconnaître qu'on avait agi quelquefois de manière à ce que la critique fît perdre autant de terrain que le sentiment et l'imagination en avaient gagné ?

Heureusement, dans la vie toujours ardente et sincère de l'Église catholique, la vérité n'est jamais longtemps compromise. Contre toutes les habitudes et les défiances des Romains, contre ces craintes de tempérament qui trop souvent les dominent, un vaillant soldat s'est trouvé pour reprendre le poste où le P. Marchi était tombé. Le chevalier De'Rossi n'est pas descendu seul dans ces profondeurs si redoutées de ses compatriotes : l'amitié d'un frère veillait sur lui, et le dévouement qu'elle inspirait a produit une vocation inattendue. Don Michele De'Rossi n'éprouvait aucune passion pour l'archéologie. Mais le besoin de préserver l'ami que la nature lui a donné de toute erreur et de toute imprudence, au milieu de ces dédales, ayant imprimé fortement dans son esprit la mémoire des lieux, a fait promptement de lui le meilleur géographe des catacombes : les plans qu'il en dresse sont des documents d'une inappréciable valeur, et le frère aîné, confiant dans des travaux aussi solides, se sent déchargé de la moitié des soucis qui, sans un secours aussi précieux, le poursuivraient au milieu de ces explorations pénibles.

Les premiers fruits de cette féconde association ont frappé l'esprit de Pie IX ; il a pris le chevalier De'Rossi sous sa protection particulière, et, pour que ses travaux ne demeurassent pas isolés, pour que les recherches fussent continuées désormais suivant des règles arrêtées, le saint pontife a institué une commission permanente des catacombes devant laquelle toutes les négligences du passé doivent disparaître. S'il y avait aujourd'hui des Mabillon, si un Mabillon revenait à Rome, il commencerait d'abord par se prosterner aux pieds de Pie IX, et puis, la lettre sur le *Culte des saints inconnus* à la main, il approuverait, il admirerait les travaux de l'ère nouvelle. Ce qu'il consacrerait surtout de son suffrage, c'est la prédominance de la question topographique dans tout ce qui se rapporte à la distinction des sépultures et à l'authenticité des martyrs. Dernièrement, un de nos amis et collaborateurs, M. Edmond Le Blant, l'auteur du beau recueil des *Inscriptions chrétiennes de la Gaule*, a discuté la *Question du vase de sang*[1] avec une sévérité qui réveille le souvenir de Mabillon. Mais la rigueur d'examen que cet écrit provoque n'aura plus bientôt la même gravité. Puisque désormais, à des traits presque certains, on doit reconnaître par la place que les sépultures occupent si elles recèlent des martyrs ou si elles appartiennent au commun des fidèles, la discussion des signes et des symboles auxquels on s'attachait surtout pour opérer une telle distinction perd nécessairement de son importance.

Dès lors, il importe de se souvenir de la haute raison avec laquelle Mabillon avait démontré l'usage téméraire qu'on faisait du témoignage de Prudence, lorsque ce poëte parle des martyrs innombrables ensevelis dans les catacombes, de ceux qu'on ne distinguait que par le chiffre indicateur de la quantité des cadavres, de ceux enfin dont le Christ connaissait seul les noms :

Quorum solus habet comperta vocabula Christus.

Il en était ainsi lorsque les dépôts sacrés n'avaient pas encore vu diminuer leurs trésors. Mais, quand les incursions des Barbares du septième et du huitième siècle rendirent la campagne de Rome inhabi-

---

[1] Brochure in-8. Paris, chez Durand.

table, une pieuse prévoyance dépouilla les catacombes de presque tout ce qu'on y connaissait de reliques. Le nombre de martyrs dont les témoignages les plus authentiques attestent l'accumulation dans les Églises de Rome fait voir s'il était raisonnable de demander aux cimetières sacrés d'autres fruits que quelques glanures des anciennes moissons. On comprend alors que, dès le milieu du huitième siècle, Grégoire III ait pu écrire à un évêque de Mayence : *Je vous en supplie, laissez-nous le temps de chercher encore ; jusqu'ici, nous n'avons pu trouver un corps saint pour répondre à votre désir. Si nous en trouvons, nous nous empresserons de vous satisfaire.*

En compensation de l'impossibilité, dès à présent évidente, de succès plus faciles que Grégoire III n'osait l'imaginer, que n'a-t-on pas gagné sous le nouvel ordre de choses ! Si les faits secondaires cessent de se multiplier, les faits essentiels s'affermissent et s'éclairent d'un jour nouveau. Un des signes auxquels on reconnaît la vérité du catholicisme, c'est l'invincible ardeur de la critique qui veille à sa défense. C'est ce dont témoignent hautement les progrès dont nous sommes témoins. Les conquêtes sont plus importantes, parce que les moyens sont plus sérieux. Au lieu de s'occuper exclusivement de la recherche des reliques, on coordonne sous les portiques du musée de Latran les monuments qui prouvent invinciblement l'antiquité du dogme, l'antiquité de la hiérarchie et de la discipline, l'immuable authenticité de l'Église catholique. Le mouvement ne s'arrêtera pas qu'on n'ait amené, par des preuves certaines, le dernier des dissidents de bonne foi à confesser son erreur devant le tombeau des apôtres.

C'est là ce que j'avais à dire ; et pourtant, en m'exprimant ainsi, en mettant en lumière l'œuvre salutaire accomplie par Pie IX, je me sens indiscret. Le contraste que j'établis, il ne faudrait peut-être pas le faire apercevoir ; le manteau de vénération que Pie IX étend sur tout le passé ne devrait pas être soulevé. Mais aussi pourquoi les hommes ont-ils la tête si dure et le cœur si froid ? Est-ce parce que la vertu gouverne que l'action est méconnue ? Ne semble-t-on rien comprendre d'un grand règne et d'un grand prince que parce que l'humilité chrétienne s'allie à la magnanimité du souverain ?

Telle était la pensée qui me poursuivait, le jour où, reprenant le chemin du Vatican pour assister aux vêpres de la Toussaint, dans la chapelle Sixtine, je venais de quitter les ombrages de la villa Pamfili, immense tapis de verdure étendu sur des catacombes inconnues, et théâtre de combats glorieux dont les cicatrices sont encore marquées sur les arbres et les statues. Après un dernier regard et une dernière pensée donnés au monument que le prince Doria a noblement élevé sur les restes de nos soldats, tombés en combattant pour la cause de Pie IX et de l'Église, en longeant les arcades de l'aqueduc qui témoigne de la sollicitude des papes pour la nouvelle grandeur de Rome, l'âme agitée entre les souvenirs du passé et les pressentiments de l'avenir, je montrais à mes compagnons, sur la porte d'une villa maltraitée par la guerre, l'inscription que l'ingratitude des Romains n'était pas parvenue à effacer entièrement : *Viva Pio nono liberatore!*

www.ingramcontent.com/pod-product-compliance
Lightning Source LLC
Chambersburg PA
CBHW060615050426
42451CB00012B/2268